ترامبلثينسكين والساحر بونسبورز

الطبعة الأولى
ترامبلثينسكين و الساحر بونسبورز© بقلم مارتن ترينور
فن الغلاف من مارتن ترينور © 2021
التصميم الداخلي وتصميم الغلاف © DRPZ.net

جميع الحقوق محفوظة.

هذا الكتاب عمل خيالي. الأسماء والشخصيات والأماكن والحوادث هي من إنتاج خيال المؤلف أو يتم استخدامها بشكل خيالي. أي تشابه مع أحداث فعلية أو أماكن أو أشخاص، أحياء أو موتى، هو مصادفة تمامًا.*

Tiny Hands Press
بصمة DRPZ للنشر
DRPZ.net

*ما عدى ترامبلثينسكين

ترامبلثينسكين والساحر بونسبورز

مارتن ترينور

إهداء

يود مارتن ترينور أن يشكر مجموعة كاملة من الأشخاص: سال وساندرا وستيف ومارج وكولين وترامبلثينسكين نفسه، الذي عبقريته وفرت الإلهام لكتابة هذه الحكايات.

مارتن يود أيضًا أن يشكر زوجته وابنته وشريك ابنته على دعمهم للمشروع، وأخيرًا وربما ليس آخراً، السيد "ب" الحالم والطموح، يا إلهي لا أستطيع حتى ...

(هو الذي جعلني أقول ذلك)

TINY HANDS

PRESS

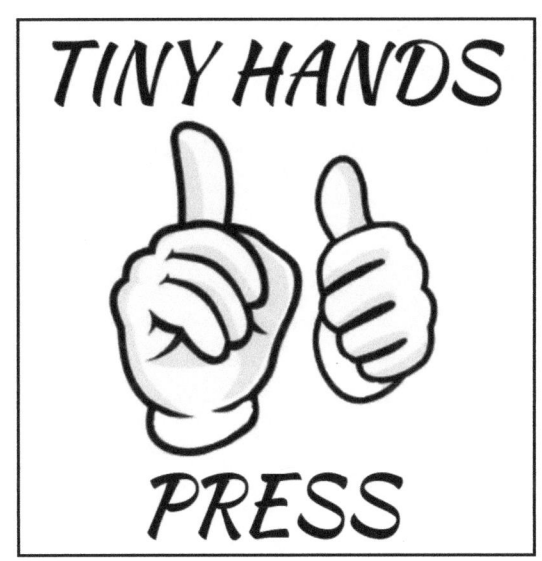

كان ترامبلثينسكين شابا ذا نزوات
غريبة بطنه ممتلئ بالشعر وشعره
متطاير متعرج ووجهه برتقالي
ومتجهم يشبه اليقطين وكان يعيش
في منزل كبير جدًا أطلق عليه
اسم"منغي لوغو"، و لم يكن في
الواقع ذاك اسمه الحقيقي
فترامبلثينسكين المسكين لم يكن
يحسن اختيار كلماته.

على أي حال، ففي صباح أحد الأيام المشرقة وبعد ساعات طويلة من النظر إلى الصور في قصته المفضلة -حكايات فيبر فوكس الطويلة- أخبره بينشو القزم أن سماسرة البلدة كانوا يخبرون أهالي المدينة كلهم عن قصة حدثت في قديم الزمان وقد وصلت عندها ترامبلثينسكين رسالة من مكان يسمى "الفيت نام" تعلمه بضرورة ان يذهب للزيارة.

وفي الواقع، لم يكن ترامبلثينسكين دائمًا عجوزا و ذا نزوات غريبة. فعندما كان أصغر سنا كان يتمتع بلياقة بدنية جيدة. ولكن هذا لا يمنع انه كان يتَسم بقامة قصيرة وبطن ممتلئ ايضا.

كان لا يرغب في ذلك الوقت في الذهاب إلى "الفيت نام" على الرغم من إرسال آخرين إليه. فالمكان كان سيئًا وخطيرًا يحارب الناس فيه بعضهم البعض ولم يكن لأي شخص فيه مرحاض ذهبي مثل ترامبلثينسكين.

وفي كل الحالات فان كان هناك شيء لم يعجب ترامبلثينسكين فهو الأخبار المزيفة.

لقد أراد البقاء في المنزل، للاستلقاء على سريره، وتناول كعكة الشوكولاتة اللذيذة ، والحلم كيف سيكون يوما ما ثريًا جدًا لدرجة تصبح معها لديه مراحيض ذهبية أكثر من أي شخص آخر في جميع أنحاء العالم، وربما يكون حتى ملكا له عرش خاص -عرش حقيقي-وليس مجرد مرحاض ذهبي.

كان يريد البقاء في المنزل أيضا حتى يتمكن من اللعب مع قِطَطِ سندريلا والجميلة النائمة وبيضاء الثلج (علما ان اللون الأبيض هو اللون المفضل لدى ترامبلثينسكين)، على الرغم من أنهن لم يرغبن في أن يلعب بقططهم.

بسست! الجميلة النائمة لم تكن نائمة حقًا.

لم يكن ترامبلثينسكين واقعيا على الإطلاق، بل لقد كان يظن نفسه عبقريًا. و كانت بعض المخلوقات العجيبة تعتقد –معظمها من الاقزام الغبية التي تسمى "ماقا" Magas -أنه كان ذكيًا جدًا جدًا جدًا وانّ لديه العديد من الأفكار الجميلة والرائعة والمبدعة. مثال لذلك الكازينوهات والمجلات وكليات التعليم التي أنشأها وكان هدفها قبل أن يتم إغلاقها جميعًا، أن تجعل الناس يتقنون اختيار كلماتهم مثله تمامًا .

بسست! كانت فكرته المفضلة هي القيام بأعمال خيرية –" بعض الناس سيعطونك الحبات السحرية التي يملكونها" و يتذكر انه فكّر، "ومع الكثير من الحبات السحرية لأشخاص آخرين، يمكنني شراء صورة كبيرة لنفسي أعلقها فوق سريري الضخم".

وبالتالي أتت لترامبلثينسكين فكرته الأولى الجميلة: عندما ظهر "دافي درافت"، الجندي القوي ليأخذه بعيدًا، كان يتظاهر بأنه بدأ يحس بآلام في جميع أنحاء قدميه، فاحمرّ أنفه ونما بشكل كبير وتورّم من شدّة الكذب والغضب مثل الرأس الكبير المنتفخ لـ"هينيتي بينيتي".

ولسوء حظ ترامبلثينسكين لم يصدق دافي درافت أن ترامبلثينسكين لديه بوبو على أصابع قدميه.

لذا، ذهب ترامبلثينسكين مهرولا إلى غابات وارتون للعثور على "الساحر بونسبورز" صعب المنال الذي لديه القدرة على تصديق أي شيء.

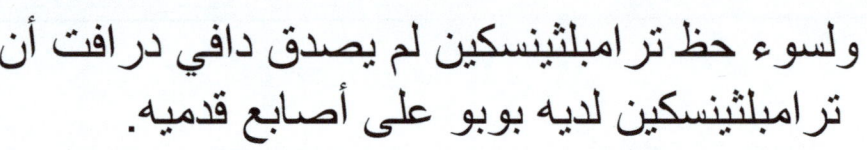

انطلق ترامبلثينسكين في الغابة ساعيا إلى الهروب من جميع أنواع العوائق والأمراض المُعدية التي يمكن التقاطها من مجرد التجوال حول المكان، حتى وصل أخيرًا إلى الكوخ القديم المتداعي الذي كان يعيش فيه الساحر بونسبورز..

-تك..تك..تك ..طرق الباب.
ولكن لا أحد أجاب.

تك..تك..تك..طرق مرة أخرى.
واخيرا، فُتِحَ الباب وظهر رجل عجوز حذر.

"ماذا تريد ؟!" تمتم الساحر بونسبورز.

رد ترامبلثينسكين: "سأطلب منك معروفا". وقد اعتاد ترامبلثينسكين على اللجوء إلى جميع أنواع الكائنات الغريبة لتلبية طلباته -بعضهم يعيش في عوالم أخرى – وتحسين صورته.

"أي معروف؟"

يقول دافي درافت أنه يجب أن أذهب إلى الفيت نام ولكني لا أريد الذهاب. ثم أجهش بالبكاء "واه -واه -واه" كالمولود حديثا.

كان ترامبلثينسكين يشتكي ويتذمر كثيرًا، وعمومًا لم يكن يقبل الانتقادات. كما أنه لم يكن لديه أي أصدقاء، باستثناء أولئك الذين اشتراهم بحقيبة أبيه الكبيرة الممتلئة بالحبات السحرية.

وعندما سمع الساحر بونسبورز أن لوالد ترامبلثينسكين حقيبة ممتلئة بالحبات السحرية، أصبح شديد الاهتمام.

دخل الى كوخه مسرعًا، وعاد مع لفافة من الرق سلمها إلى ترامبلثينسكين.

"خذ هذا"، قال الساحر.
فأجابه ترامبلثينسكين "ما هذا؟"

"إنها لفافة سحرية. تقول إن لديك بالفعل بوبو على أصابع قدميك وأنها مؤلمة للغاية. اعرضها على دافي درافت وأخبره كيف اشتريتها مني وأذكر له أن لوالدك الكثير من الحبّات السحرية. سيجعله هذا يذهب بعيدًا، ليجد رجلا آخر فقيرًا (ليس لديه أب ثري ولا حتى مرحاض ذهبي) يذهب عوضا عنك وستتخلص منه إلى الأبد.

كان ترامبلثينسكين سعيدًا جدًا لدرجة أنه قرر بناء برج مرتفع جدا للاحتفال. لكن هذه قصة أخرى تمامًا.

بخطوات ثابتة -لأنه لم يكن لديه بالفعل بوبو على أصابع قدميه -عاد إلى مانغي لوغو، وأمر بإحضار كعكة شوكولاتة كبيرة وجميلة إليه ووضعها على سريره، وأخرج اللفافة.

إذ به يتفاجأ بصفحة فارغة.
لم يكن هناك ولو حرف واحد.
ماذا سيفعل؟ لقد باع له الساحر بونسبورز لفافة عديمة القيمة.

عندها اتضح له الأمر، كان الرق كذبة كبيرة. لم يكن هناك أي شيء مكتوب على اللفافة لأنه في الواقع لم يكن لديه بوبو في أصابع قدميه –على الرغم من امتلاكه لبطنٍ أصفر كان يحبه ويهتم به، تقريبًا مثل وجهه البرتقالي المترهّل.

وعلى أي حال فبالرغم من أنه كان "سميكًا وقصيرا مثل جميع إشارات المرور " -كما كان يقول معلمه، السيد فوردهام -اكتشف ترامبلثينسكين أيضًا شيئًا مدهشًا.

فقد استنتج انه إذا استطاع الساحر بونسبورز أن يقنع دافي درافت أن لفة من الورق جيدة بما فيه الكفاية لجعله يبحث عن بعض الفقراء الآخرين للذهاب إلى الفيت نام بدلاً من ترامبلثينسكين، عندها يمكن لترامبلثينسكين نفسه أن يخدع الجميع.

ومنذ ذلك الحين، أصبح يقضي بقية حياته في تصديق كل أكاذيبه الكبيرة السامة فلا يقول شيئًا سواها وفي بيع الفخاخ وتبرير أفعاله المشؤومة وسرقة كل الحبات السحرية لمن يصادف طريقه -في الواقع، تعهد بأن يخدع كل الناس في العالم-.

لكن هذه أيضا قصة أخرى.

MAG
MAGI
BEANS

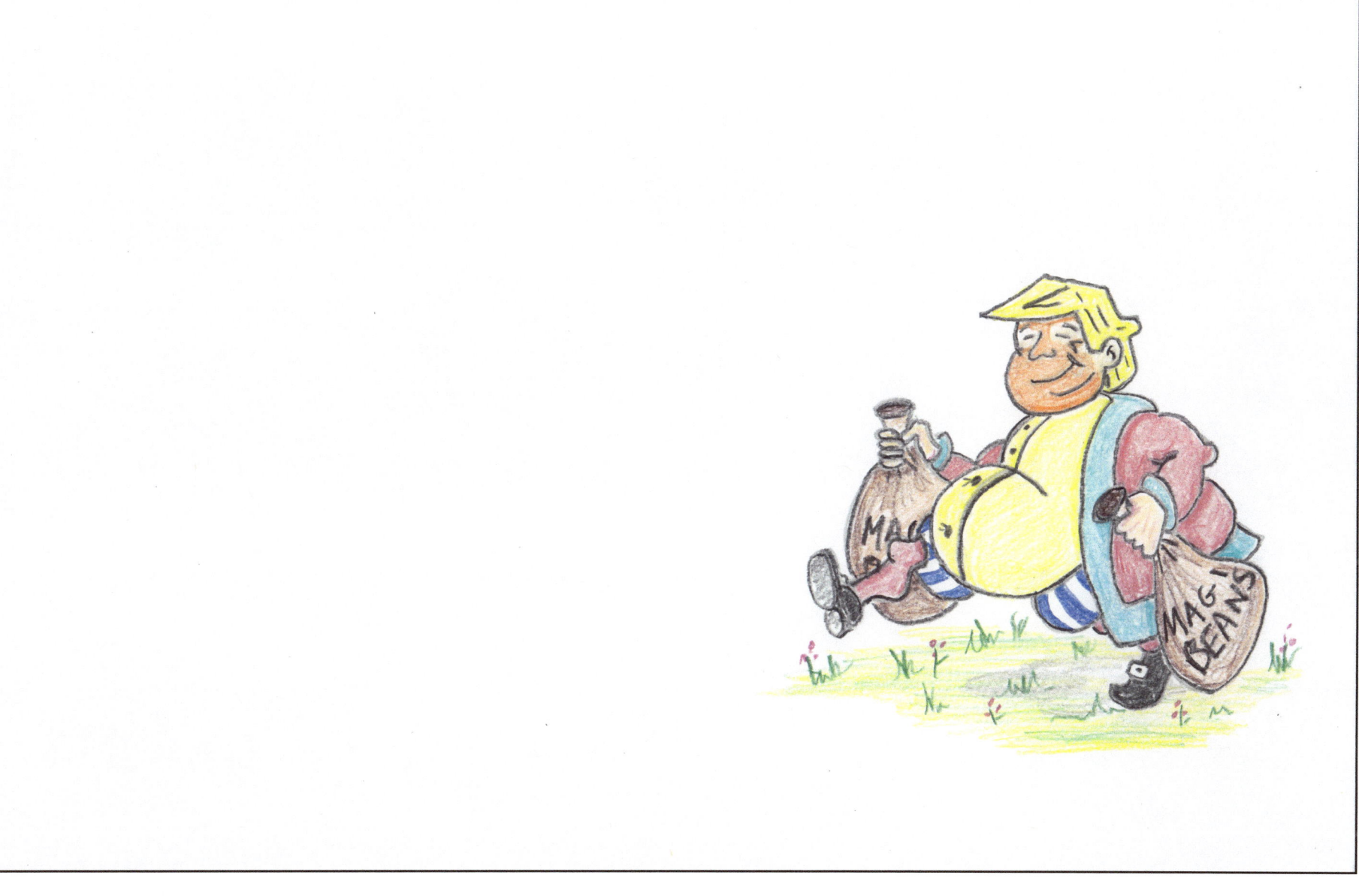

نبذة عن الكاتب

مارتن ترينور هو مؤلف ورسام -رغم أنه لم يكن بحاجة إلى قول ذلك، لأنه كتب جميع كتب ترامبلثينسكين. يحب القهوة والكعك كثيرا -لا يعيش في أي مكان أنيق ولكنه كتب كتابين رائعين آخرين: The Silver Mist وDARK CREED. كما كتب أيضًا عددًا كبيرًا من القصص القصيرة ... أوه، ورسم العديد من الأشياء الأخرى.

لا تنسوا أنه يحب الكعك!

المزيد على: www.MartinTreanor.COM يتم تمثيل مارتين ترينور بواسطة DRPZ™ [www.drpz.net]

ابحث عن "بطلنا" ذو البشرة الرقيقة في
ترامبلثينسكين في أرض اليوكاي!:
ترامبلثينسكين و الخوخة العملاقة!

لمزيد من المعلومات حول هذا العبقري، يرجى زيارة:

TheTalesOfTrumplethinskin.com
MartinTreanor.com
ANiceCuppaTea.com
TrumpleTales@

TINY HANDS
PRESS

صائدوا الفئران
خدمة المواعدة للأشخاص المتقلبين

الاسم: ترامبلثينسكين
المهنة: تجميع أكبر عدد ممكن من حبات الفاصوليا السحرية
يحب: الفاصوليا السحرية
يكره: الأخبار المزيفة وعدم امتلاك عرش
أفضل جودة: عبقري
أسوأ جودة: لا شيء -أنا الأفضل في كل شيء
الطعام المفضل: كعكة الشوكولاتة الجميلة
الشيء المفضل: مرحاضي الذهبي

الملف الشخصي:
أنا لست غبي، لكن ما أهمية ذلك ... إيه؟
أنا أعيش في عالمي وسأكون يومًا ما ملك العالم (حسنًا، عبقري مثلي يجب أن يكون لديه طموحات).
أمتلك مرحاضًا ذهبيًا أجلس فيه بانتظام، وله بطن مموج جميل، ووجه برتقالي مدهش.

www.ingramcontent.com/pod-product-compliance
Lightning Source LLC
Chambersburg PA
CBHW041149070526
44579CB00005B/60
9781989960400